WOMAN LIFE FREEDOM
VROUW LEVEN VRIJHEID

© 2023 Somaia Ramish

third print, august 2023
WGBU, Leeuwendaal Rijswijk
verkoop@wgbu.nl

Translated from Persian to English by Farzana Marie & Sholeh Wolpe
Translated from English to Dutch by Samara Reijns
Translation No. 16 'Load Poems Like Guns' from English by Janny Dierx
Authorized final editing: Janny Dierx
Introduced by Anne Vegter

Bookdesign by Willem Giezeman
Printed by Lulu

This collection of poems is an initiative of the Verhalenhuis Belvédère

ISBN: 9789083172064

WOMAN
LIFE
FREEDOM

VROUW LEVEN VRIJHEID

Somaia Ramish

*To women who challenge the institutions of oppression.
May this collection of poetry serve as a tribute to your courage!*

Rotterdam, June 9th, 2023

Dear Somaia,

Do you remember the 8th of December 2022? We met at Tolhuistuin in Amsterdam. We both visited a female opera performance based on the literary and visual works of the Iranian poet and filmmaker Forugh Farrokhzad. You and me, we did not know each other. But this would change in the blink of an eye. We discovered that we shared a fantastic friend, the American-Iranian translator and poet Sholeh Wolpé, who was also there. Sholeh introduced us.

Sholeh and I had gotten to know each other a month before, in Kolkata, in India, at a poetry event. Sholeh told me about her translations of the poems of Farrokhzad. She described her work as free-spirited, rebellious and a source of support for the female Farzi-speaking community of all generations. 'Forugh Farrokhzad is one of the most important twentieth century poets of Iran,' she said. 'The Dutch composer Huba de Graaff is going to create an opera theatre performance based on my translations, in Amsterdam,' she added.

There we were, in Kolkata, speaking about Huba, who had been a friend of mine for years. And then you, Somaia, Huba, Sholeh and me, we met each other at Tolhuistuin after the opera performance 'Here I am, a lonely woman'. There and then my friend Sholeh turned out to be the excellent translator of your Farzi-poems as well, Somaia. As well as being a friend of yours for years. We all four are inspirated by Forugh Farrokhzad. Kind of a perfect circle.

That night in December you and I travelled back to Rotterdam together. During this train journey you told me about your breathtaking flight from Herat in Afghanistan via Moskou to Holland. A few weeks later you would send me your urgent call for attention to the worsening situation of women in Afghanistan, published in the Dutch national newspaper NRC on the first day of the year 2023.

Both you and Sholeh left your countries, Afghanistan and Iran, urged to flight because of oppressive, extremist governments. Both you and her, through your brave and radical hands-on writing in the tradition of feminist avant-la-lettre Forugh Farrokhzad, share a call for freedom and democracy. And ... a shared friendship between all of us that spans the world, from India to America, to Holland and yet -as poetry is capable to break through borders- to Afghanistan. Your persistent alert through spoken words and poetry urges readers to keep aware and pay attention to the situation of female Afghanistan inhabitants under the misogynist laws of the Taliban.

Somaia, your enchanting poems are fighting a war for imagination.

Embraced,

Anne Vegter

Biography Somaia Ramish

Somaia Ramish is a poet, journalist and influential voice in the world of literature and human rights activism. She currently also pursues a PhD program in the field of Persian Literature in the prestigious University of Delhi, India.

As the founder of "Baamdaad, House of Poetry-in-Exile," Somaia Ramish has spearheaded a protest movement against censorship and repression of literary and artistic endeavors in Afghanistan and beyond. This movement serves as a beacon of hope, uniting artists and poets worldwide in solidarity with Afghan artists and poets who face bans on their creative expressions imposed by the Taliban.

Somaia Ramish's call for poets around the world to stand by her side in this struggle, met with worldwide support that culminated in a collection of over one hundred poems from highly acclaimed poets from around the world in solidarity with her cause. These poems captivate readers with their eloquent and thought-provoking verses that condemn censorship and silencing of Afghan poets' voices. The collection will soon be published in various languages.

Somaia's dedication to documenting the struggles and politics of our time is evident in her latest published work, the voluminous book titled "Half a Century of Struggle and Politics" in 2022." This comprehensive work delves deep into the complexities of societal issues, offering profound insights and thoughtful analysis of Afghan history and politics.

Not limited to her literary pursuits, Somaia Ramish has also made significant contributions to the political landscape. She served as an elected member of Herat's provincial council, a populous western province in Afghanistan, from 2014 to 2018. During this period, she actively worked representing and advocating for the rights of the people especially women.

As a refugee in the Netherlands, she managed to regain her voice. She published her opinions in NRC, De Standaard and 360 Magazine.

Somaia Ramish's poetic talent, combined with her unwavering commitment to human rights and freedom of expression, serves as an inspiration to many, establishing her as a vital figure in the realm of literature and human rights activism.

No. 1

I wanted to frame your last smile,
hang it on my wall.
A suicide bomber
blasted my house away.

No. 1

Ik wilde je laatste glimlach als een kunstwerk
ophangen aan mijn muur.
Mijn huis werd weggeblazen door
een zelfmoordterrorist.

No. 2

Like a star that departs its own orbit
I exited yours, traveled
into another existence.
Suicide is not always
a bodily experience.

No. 2

Zoals een ster die de baan van zijn zwaartepunt verlaat,
verliet ik die van jou en volgde de weg
naar een ander bestaan.
Zelfmoord is niet altijd
een lichamelijke ervaring.

No. 3

Like a bird who sinks into night
I don't know if I'll ever see you again.

I want to kiss you
before you leave.
Maybe tomorrow
when you seek love at dawn
the war suddenly ends
and soldiers return home
bringing with them
both the morning sun and peace.

No. 3

Zoals een vogel die verdwijnt in de diepte van de nacht,

ben ik bang dat ik je nooit meer terug zal zien.

Kus me

voor je gaat.

Morgen

als je bij zonsopgang op zoek gaat naar liefde,

misschien is de oorlog dan plotseling voorbij

en keren de soldaten terug naar huis

met in hun handen

zonnedauw en vrede.

No. 4

Listen,
this wound is like cancer.
It sinks its claws into every cell
and spreads into streets
beyond our invaded veins.
These days
the war begins in one spot
recruits' soldiers in another
and ruptures in yet another place.

No. 4

Luister,

deze wond is als een tumor.

Met klauwen in elke cel

en verspreidt zich door de straten

voorbij onze bezette aderen.

Tegenwoordig,

begint de oorlog op één plek,

werft soldaten op een andere

en ontploft weer ergens anders.

No. 5

You kill me
to save me from Hell,
or rather,
get yourself to Heaven.
Each day, I die again and again
when my hair rots among your banal thoughts,
when my voice is devoured by your fanaticism,
when my womanly shape makes an infidel of you,
and my hair provokes your God's wrath.
You who are frightened by beauty,
look how streets of Tehran and Kabul
lead neither into Heaven nor Hell.
From death, we have come back alive.

    Bread   Work   Freedom
    Woman   Life   Freedom

No. 5

Je doodt me

om mij te bewaren voor de hel,

of betergezegd,

om jezelf in de hemel te krijgen.

Iedere dag sterf ik, opnieuw en opnieuw

wanneer mijn haren wegrotten in jouw banale gedachten,

wanneer mijn stem wordt verzwolgen door jouw fanatisme,

wanneer mijn vrouwelijke vormen mij

                            brandmerken als een ongelovige,

en wanneer mijn haar de toorn van jouw God uitlokt.

Jij, die mijn schoonheid vreest,

zie hoe de straten van Teheran en Kabul

niet naar de hemel, noch naar de hel leiden.

Wij zijn opgestaan uit de dood.

| Brood | Werk | Vrijheid |
| Vrouw | Leven | Vrijheid |

No. 6

When vineyards burned,
and villages crumbled into ash,
when the earth spat out the last
remnants of life from my homeland,
I saw
how your trees
cradle dove nests,
noted the blessed fortune
of your dogs, cats, ducks and crows
in a land where eyes
are not scorched by fire.

No. 6

Toen onze wijngaarden in rook opgingen,

en onze huizen verbrokkelden tot as,

toen de aarde de laatste restjes leven

van mijn vaderland uitspuugde,

zag ik

hoe jullie bomen,

jullie vogelnesten,

een teken waren van een gezegend geluk

van jullie honden, katten, eenden en koeien

in een land waar ogen

niet verschroeid worden door vuur.

No. 7

Bullets

targeted his heart

but all he could think

of was the kohl

around his lover's eyes

cascading in his absence on her fate.

No. 7

Kogels

troffen zijn hart

maar het enige waar hij aan kon denken

was de kohl

rondom de ogen van zijn geliefde

die in zijn afwezigheid over haar lot naar beneden sijpelde.

No. 8

When I miss you

I become a handful of dust

Plant a grape vine in me, please

I want to inhale Herat.

* Herat is a city in the west of Afghanistan. I was born there.

No. 8

Als ik je mis

verander ik in een handvol stof

Plant alsjeblieft een wijnrank in mij

ik wil Herat inademen.

* Herat is de stad in West-Afghanistan waar ik ben geboren.

No. 9

I'm alive,

despite the bullet lodged in my heart.

I escape toward Durand.

The borders do not recognize my aliveness.

I travel to Nimrooz

half ash

      half fire

and now

I'm in the vicinity of Khuzestan.

The armed Iranian border patrol

is yet another bullet

and the price of my blood

is as worthless as water that chokes

the Hari River.

I'm alive.

I cross deserts and oceans,

survive barbed wires and

jaws of hungry dogs.

I sit across an immigration officer

who does not look at me,

does not shoot at me.

No. 9

Ik leef nog,

ondanks de kogel in mijn hart.

Ik vlucht richting Durand.

De landsgrenzen herkennen mijn bestaan niet.

Ik reis af naar Nimrooz

half as

      half vuur

en nu

ben ik vlakbij Khuzestan.

De bewapende Iraanse grenswachters

zijn opnieuw een kogel

en de prijs van mijn bloed

is net zo laag als het water waarin

de Haririvier verdrinkt.

Ik leef nog.

Ik heb woestijnen en oceanen getrotseerd,

prikkeldraad en

de kaken van hongerige honden.

Ik zit tegenover iemand van de immigratiedienst

hij kijkt me niet aan,

vuurt geen kogel op me af.

Instead, he summarizes me

into a seven-digit number

Zero - Five - Eight - Four -Two – Two - Two

I run in six directions.

Halt!

I drop my numbers.

I've never been alive

outside of my homeland.

.

---

* Nimrooz: The name of a city in Iran that borders Afghanistan.
* Hari River: A river in Herat, a province in western Afghanistan

Maar vat me samen in zeven cijfers

nul – vijf – acht – vier – twee – twee – twee

ik ren zes verschillende kanten op.

Halt!

Ik laat mijn cijfers vallen.

In mijn vaderland leefde ik,

maar hier buiten niet.

* Nimrooz: De naam van een stad in Iran die grenst aan Afghanistan.
* Haririvier: Een rivier in Herat, een provincie in West-Afghanistan.

No. 10

It is night in every region of the world

and dawn's blood has dried up in tomorrow's veins.

I cry in all time zones.

Which one are you in?

You who do not hear our voices?

Free people of the world,

you who have embodied liberty in a statue,

a stone,

a rock that has fallen into a well

and is dying with its own final sound.

After a fall, if you hear a thud,

it's the sound of death.

Pull back your clocks by a century

so, you can swallow the news of the liberty rock

with you bitter coffee and forget

that we, on this side of time,

in this side of the world

have already died in our own timeline.

No. 10

Overal ter wereld is het nacht

en het bloed van de dageraad is opgedroogd

                          in de aderen van morgen.

Ik huil in elke tijdzone.

Bij welke hoor jij?

Jij, die onze stemmen niet kan horen?

Beste vrije mensen van de wereld,

die vrijheid belichamen in een standbeeld,

in een steen,

in een kei die in een put is gevallen

en die samen met zijn laatste klanken vergaat.

Aan het eind van een val, hoor je een 'plof',

dat is het geluid van de dood.

Draai je klok een eeuw terug

zodat ook jij het nieuws van de vrijheidskei tot je kan nemen

terwijl je een slok neemt van je bittere koffie en vergeet

dat wij, aan deze kant van de tijd,

aan deze kant van de wereld

al gestorven zijn in onze eigen tijdlijn.

No. 11

The postman does not come on Mondays.

No letters in the post office Thursdays and Fridays.

For me, the world is always on a break.

My lamp does not burn late into night.

No one asks for me.

No one walks past my window.

I leave a café on Fifth street

and look for home.

Look for myself.

I don't remember my address.

The more I search the more lost I become.

No one is familiar.

I try to speak in another tongue

in my Herat accent, but my voice breaks

like the last glass of wine, I drank.

The last sip is always bitter

like a letter that never arrives,

like exile,

in Berlin, Moscow, and Rotterdam,

in Tehran, and Washington DC.

Pieces of me do not return to me.

I do not return to a home no longer there.

No. 11

De postbode komt niet op maandag.

De post wordt niet gesorteerd op donderdag en vrijdag.

Voor mij lijkt het alsof de wereld constant met pauze is.

Mijn lamp blijft niet tot laat in de nacht branden.

Niemand vraagt naar mij.

Niemand loopt langs mijn raam.

Ik verlaat het café op Fifth Street

en ga op zoek naar huis.

Naar mezelf.

Ik kan me m'n adres niet meer herinneren.

En hoe meer ik zoek, hoe meer ik verdwaal.

Niemand komt me bekend voor.

Ik probeer in een andere taal te spreken,

in mijn Heratese accent, maar mijn stem breekt,

zoals het laatste glas wijn dat ik gedronken heb.

De laatste slok is altijd bitter,

als een brief die nooit aankomt.

als ballingschap,

in Berlijn, Moskou en Rotterdam,

in Teheran, en Washington D.C.

Er zijn delen van mij die nooit meer thuiskomen.

Ik zal niet terugkeren naar een huis dat niet meer bestaat.

No. 12

For Farkhondeh.
They said she was not a Muslim, so they killed her
and threw her body into the Kabul River.
Her name means blessed and joyous.

A page from the Kabul River diary:

Forty years,

blood,

fire,

and now this…

the body of this woman

disintegrating in me.

I am sick of flowing.

Afghanistan isn't farkhondeh anymore.

No. 12

> *Voor Farkhondeh.*
> *Ze zeiden dat ze geen moslim was, dus hebben ze haar vermoord en gooiden ze haar lichaam in de rivier Kabul. Haar naam betekent gezegend en vreugdevol.*

Een pagina uit het dagboek van de rivier Kabul:

Veertig jaar,

bloed,

vuur,

en nu dit...

het lichaam van deze vrouw

is in mij aan het desintegreren.

Ik ben er klaar mee, ik wil niet meer stromen.

Afghanistan is niet langer farkhondeh.

No. 13

The aroma of clay and cob

after rain

Misty perfume of mint along

the creek's edge

The heady bouquet of jasmine every night

When it's time to flee

which one of these should I stuff

in my bundle so that in fate's crooked road

I do not lose my country.

No. 13

De geur van klei en modder

na regen

Een mistig parfum van munt aan

de oever van de rivier

Iedere nacht de duizelingwekkende geur van jasmijn

Wanneer het tijd is om te vluchten

welke van deze prop ik dan

in mijn bundel zodat ik tijdens mijn tocht

                over de kronkelige weg van het lot

mijn land niet verlies.

No. 14

My Poem

is not discovery, metaphor, or fantasy

I just say;

I am from Afghanistan

And

You are crying

This is my book!

No. 14

Mijn Gedicht

is geen ontdekking, metafoor, of fantasie

Ik zeg gewoon;

Ik kom uit Afghanistan

En

Jij begint te huilen

Dit is mijn boek!

No. 15

I was not yet born

when Mother wrapped our country

into her bundle and abandoned her own self

so that my naval would not be tied

to the rope of war...

But

our nightly meals became

the hourly news of war.

Our cells recognized their own exile

in our suffering, pain and wounds.

We had never traveled before,

but at age nine I learned

the absurdity of geography.

At fourteen I untied mother's bundle.

Its aroma enfolded me,

returned me

to my forefathers.

Now, my country is not

just the news of war; it is a madness

of geography that courses through my veins.

It's a two-edged blade:

Death and Death

No. 15

Ik zat nog in haar buik

toen moeder ons land

in haar bundel wikkelde en ze haar eigen ik opgaf

zodat mijn navelstreng niet verwikkeld zou zijn

met het koord van oorlog...

Maar

onze avondmaaltijden werden

het dagelijkse nieuwsbericht over de oorlog.

De cellen in ons lichaam herkenden hun ballingschap

in ons lijden, onze pijn en wonden.

We hadden hiervoor nog nooit gereisd,

maar op mijn negende leerde ik

hoe onzinnig geografie in werkelijkheid is.

Op mijn veertiende knoopte ik mijn moeders bundel los.

Ik werd overspoeld door het aroma

dat me terugbracht

naar mijn voorvaderen.

Vandaag de dag is mijn land niet slechts oorlogsnieuws,

het is een waanzin

van geografie die door mijn aderen stroomt.

Het is een tweesnijdend zwaard:

Dood en Dood.

No. 16

Load poems like guns —
war's geography calls you
to arms.
The enemy has no signs,
counter-signs,
colors
signals
symbols!
Load poems like guns —
Each moment is loaded
with bombs
bullets
blasts
death-sounds —
death and war don't follow rules
you can make your pages into white flags
a thousand times
but swallow your words, say no more.
Load your poems —
your bodies —
your thoughts —
like guns.
The schoolhouses of war rise up
within you.

Maybe you are next.

No. 16

Laad gedichten als wapens —
de geografie van de oorlog roept je
te wapen.
De vijand heeft geen tekens,
signalen
kleuren
seinen
symbolen!
Laad gedichten als wapens —
elk moment is geladen
met bommen
kogels
ontploffingen
de galm van de dood —
dood en oorlog volgen geen regels
je kunt je bladzijden veranderen in witte vlaggen
duizend keer
maar slik je woorden in, wees stil.
Laad je poëzie —
je lichaam —
je gedachten —
als wapens.
De schoolgebouwen van oorlog verrijzen
in jou.
Misschien ben jij de volgende.

No. 17

A bird trapped in the cage
The cage hanging in the house
House is on a street
The street is in the world
What a big prison, I breathe!

No. 17

De vogel gevangen in de kooi

De kooi hangt in het huis

Het huis staat in de straat

De straat is in de wereld

Wat een grote gevangenis, ik adem!

No. 18

Last night on the streets someone put God up for sale

on a vendor's cart.

Prospective buyers came by as she called,

Buy God, Buy God,

spread his fragrance everywhere.

That's what the girl who sold God said.

This city is filled with secular trees,

monkeys who speak with accents of women and trees.

People here sow fortunes they don't have

for love;

their blithe smiles drunk

on happiness all night.

My hair has breathed as long as my days.

Here, even the sun's slaps are pleasant

and I have reconciled with bright colors:

reds

yellows

greens.

My hue is a hopeful white,

my democratic thoughts have forgotten that this

is a town where people fall in love with the smells of both

poverty and ginger.

No. 18

Afgelopen nacht zette iemand God te koop op straat

bij een marktkraam.

Geïnteresseerde kopers kwamen naar haar toe terwijl ze riep,

Koop God, Koop God

verspreid zijn parfum alom.

Dat is wat het meisje dat God verkocht zei.

Deze stad is vol seculiere bomen,

en apen die met accenten spreken over vrouwen en bomen.

De mensen hier spenderen fortuinen die ze niet bezitten

aan liefde;

hun glimlach, dronken

van nachtenlange vreugde.

Mijn haar ademt al sinds ik besta.

Hier is zelfs de ongevoelig brandende zon een genot

en heb ik me verzoend met stralende kleuren:

de rode,

gele en

groene tinten.

Ik straal een hoopvolle witte gloed uit,

mijn democratische gedachten zijn vergeten dat dit

een plek is waar mensen verliefd worden op de geuren van

armoede en gember.

No. 19

For Nadia Anjoman

The sky died

For the wind that split open its chest

We all died for you

Though fate's sleight of hand snuck you from us

And you smiled from the sky

For us

And for a moment we are carried away

From our memories.

No. 19

Voor Nadia Anjoman

De hemel is gestorven door

de wind die zijn borst openbrak

We zijn allen voor jou gestorven

In weerwil van het vingervlugge lot dat jou

                             van ons wist te stelen

En jij glimlachte naar ons uit de hemel

Voor ons

En een moment lang worden wij weggevoerd

Van onze herinneringen.

No. 20

You said, write
You said, tell me about the miracle
of words, you said
I became a stream of speech
for you   of words from the beginning.
That in the beginning was the word and the word was
the beginning.
But I knew nothing
of the end
of becoming   nothing
of being   nothing.
I said, how can I write your non-existence?
I spit myself onto a page
a painting that sent
the alphabet to its death.
In this way a thousand-and-nothing ancestors
of a generation of nothing-becomers
face ruin.
Your scandal
or mine?
And existence is everything that from the beginning
was my likeness   the painting
was the likeness   of my painting
that wrote nothing more.
And the word null
and the word dust

and the word superfluous.

No. 20

Je zei, schrijf
Je zei, vertel me over het wonder
van woorden, je zei
dat ik een rivier van spraak werd
voor jou   met woorden over het begin.
Dat er in het begin het woord was en het woord was
het begin.
Maar ik wist niets
over het einde
over het worden   van niets
over het zijn   van niets.
Ik zei, hoe kan ik schrijven over jouw niet-bestaan?
Ik spuugde mezelf op papier
een schilderij dat
het alfabet de dood injoeg.
Op deze manier treden de duizend-en-geen voorouders
van een generatie van nietsnutten
hun ondergang tegemoet.
Jouw schandaal
of dat van mij?
En het bestaan is alles dat vanaf het begin
mijn gelijkenis was   met het schilderij
de gelijkenis was   van mijn schilderij
dat verder niks meer schreef.
En het woord leeg
en het woord stof

en het woord overtollig.

www.ingramcontent.com/pod-product-compliance
Lightning Source LLC
Chambersburg PA
CBHW022125040426
42450CB00006B/855